JOSÉ

El muchacho que aprendió a manejar sus sueños

Por Ben Alex

Ilustrado por Philippe Pauzin

José

El muchacho que aprendió a manejar sus sueños

Escrito por Ben Alex
Ilustrado por Philippe Pauzin
Diseño gráfico por Nils V. Glistrup

Drejervej 15, 3er piso, DK 2400 Copenhague NV, Dinamarca
E-Mail: info@sph.as Web: www.sph.as

Concebido, diseñado y producido por Scandinavia Publishing House

Impreso en China
ISBN 9788771326178

JOSÉ

El muchacho que aprendió a manejar sus sueños

Por Ben Alex

Ilustrado por Philippe Pauzin

"¡Miren! ¡Aquí viene el gran soñador!" dijeron desdeñosamente los hermanos de José. Apenas se habían sentado en el verde césped para tomar su cena cuando vieron a José.

Era fácil ver a José, aún desde muy lejos, por su túnica de brillantes colores. A sus hermanos mayores no les caía bien José. Era su medio hermano y mucho más joven que cualquiera de ellos. El otro día les había causado problemas cuando le dijo a su padre que su hermano Judá se había quedado dormido mientras cuidaba las ovejas.

Su padre, Jacob, parecía hacer mucho alboroto respecto a José. Siempre tomaba su lado porque era el primogénito de Raquel, su esposa favorita.

Recientemente, en su cumpleaños, su padre le había dado a José una hermosa túnica de colores brillantes, con bolsillos y mangas largas. Desde entonces sus hermanos sentían que José se creía demasiado importante para cuidar a las ovejas. Se quedaba en casa con su hermano menor Benjamín, el único otro hijo que había tenido Raquel. Jugaban juntos todo el día, mientras los hermanos mayores se quedaban con las ovejas. Era un trabajo caluroso y agotador. Pensaban que José jamás crecería para convertirse en un verdadero pastor. Normalmente se quedaba sentado por ahí y soñaba despierto. Los hermanos sentían que su hermano pequeño era un fracaso, y no sabían qué hacer al respecto.

Además, José hablaba demasiado. Los hermanos odiaban su fanfarronería. Siempre parecía estar soñando con algo grande. Hasta su padre tenía que corregirlo de vez en cuando.

La semana anterior José les contó un sueño que había tenido. "Escuchen," había dicho. "Anoche tuve un sueño. Soñé que todos estábamos atando bultos de trigo en el campo.

De repente mi bulto se elevó mientras los bultos de ustedes lo rodeaban y se inclinaban ante él. ¿No es interesante?"

A la mañana siguiente José les había descrito otro sueño más. "¡Escuchen, hermanos! Soñé que el sol y la luna y once estrellas se inclinaban ante mí. ¿No es interesante?"

A los hermanos no les parecía.

Rubén estaba particularmente preocupado por su pequeño hermano. Rubén era el mayor de todos los hermanos. Esperaba que cuando su padre muriera él se convirtiese en la cabeza de la familia. Aunque a veces le preocupaba que José pudiera impedir que eso pasara, a pesar de eso quería a su hermano menor.

Rubén cubrió con la mano el brillo del sol sobre sus ojos y observó a José corriendo hacia ellos. Entonces se volteó a mirar a sus hermanos. "Escuchen, tengo una idea," dijo. "Vamos a darle a José una lección que nunca olvidará. Lo lanzaremos dentro de ese viejo pozo seco." Rubén señaló el agujero en la tierra donde los hermanos habían esperado encontrar agua unos momentos antes. Rubén pensaba que un par de horas en el pozo le podrían dar una lección de humildad a su pequeño hermano.

"¡Gran idea!" dijo Leví.

"Sí," sonrió Judá. "Eso hará que se calme."

Para entonces José ya había llegado donde estaban sus hermanos. Se detuvo a recuperar el aliento. "Ustedes... son...difíciles de hallar," empezó a decir. "He caminado todo el día. Papá me dijo que estaban en Siquén. Cuando llegué allá un hombre me dijo que se habían ido a Dotán. Papá me pidió que los hallara y regrese a informarle cómo van con las ovejas. Me da gusto que..."

Antes de que José pudiera terminar la frase, Judá y Simeón lo tomaron de los brazos y lo sostuvieron mientras los otros hermanos lo ataban los brazos.

"¡Hey, escuchen!" gritó José. "¡Soy su hermano! ¡Judá, deja mis dedos! ¿Qué estás...? ¡Aghh!" Una gran mano sobre la boca de José finalmente lo hizo callar. Sus ojos quisieron salirse de sus órbitas cuando entendió lo que sus hermanos estaban haciendo.

Los hermanos lanzaron a José al interior del oscuro pozo.

Al principio José no pudo ver nada. Pero poco a poco sus ojos se acostumbraron a la oscuridad, y pudo ver las paredes de piedra levantarse a su alrededor. El piso se sentía resbaloso y pegajoso. Se estremeció. Odiaba las serpientes y los escorpiones y las lagartijas. Como a tres metros por encima de él podía ver las cabezas de sus hermanos recortadas contra el cielo alrededor de la estrecha abertura.

"¡Que tengas unos sueños fantásticos allá abajo!" sonrió Leví. Entonces las cabezas desaparecieron y José se quedó solo.

Los hermanos terminaron su comida en la hierba cerca del pozo. Esa noche era el turno de Rubén de vigilar a las ovejas. Después de cenar fue al campo y dejó a sus hermanos en el pozo.

"Yo vigilo las ovejas. Ustedes vigilan a José," dijo cuando se marchaba.

Poco después, Judá vio nubes de polvo a lo lejos. Una caravana se acercaba lentamente a ellos viniendo del norte. "Tengo una idea," susurró. "¿Por qué no vendemos a José a los mercaderes de la caravana? Así nos desharemos de él." Los otros estuvieron de acuerdo.

"¡Se vende esclavo! ¡Se vende esclavo!" Desde el pozo José pudo oír los gritos. También podía oír las pisadas de camellos y burros.

"¡Me van a vender!" jadeó.

"¡En verdad me van a vender! ¡Ya no estamos jugando! ¡Padre! ¡Quisiera que mi padre estuviera aquí!"

Pero el padre de José se encontraba muy lejos, en su casa en Mamré, en Hebrón. No había forma de que pudiera escuchar los

gritos de su hijo favorito pidiendo ayuda. Y Rubén no estaba ahí para detener el plan de sus hermanos.

Así José fue vendido por sus hermanos a los mercaderes. "Parece un muchacho fuerte y apuesto," dijeron. "Les pagaremos veinte piezas de plata por él."

Y así la caravana se llevó a José. Cuando Rubén regresó de los pastizales se dio cuenta de lo que había pasado. "¿Están locos?" gritó. "¿Qué vamos a hacer ahora? ¿Cómo le van a explicar esto a nuestro padre?"

Durante todo el camino de regreso los hermanos trataron de encontrar una respuesta. Finalmente decidieron matar una cabra y manchar con su sangre la túnica de colores de José. Le dirían a su padre que a José lo había matado un animal salvaje en el desierto.

Jacob lloró por muchos días cuando oyó la historia de la muerte de José. "Mi pobre hijo ha muerto," se lamentaba. "Lloraré hasta el día de mi muerte."

Mientras tanto, José llegó a Egipto. Todas las noches lloró hasta quedarse dormido en el polvoriento trayecto de la caravana, sin saber qué iba a pasar con él. Sabía que lo habían vendido como esclavo. También sabía cómo son tratados los esclavos.

Algunos eran enviados a trabajar en las terribles minas de cobre. Ahí los ponían a trabajar todo el día, sin parar. La mayoría de ellos moría en las minas. Otros se volvían remeros en las naves de guerra egipcias. Pronto la mayoría se ahogaban o eran asesinados. Otros se convertían en fabricantes de ladrillos o en peones que trabajaban metales. Algunos eran azotados y torturados. José nunca volvería a ser un hombre libre. El resto de su vida, aunque probablemente sería muy corta, la pasaría haciendo tareas tediosas e interminables.

José se estremeció al pensarlo.

Ahora la caravana estaba llegando a una enorme ciudad en Egipto. Por un momento José se olvidó de su irremediable futuro. Cuando atravesaron el río Nilo, las fantásticas pirámides de Egipto se elevaron ante él. ¡Nunca había visto nada igual! Estaba acostumbrado a vivir en tiendas y ver ovejas. ¡Esto era maravilloso! ¡Los majestuosos edificios, las calles llenas de gente, las hermosas esculturas, las enormes pirámides! ¡Era otro mundo, aún más emocionante que el mundo de sus sueños infantiles!

"¡Oye, tú... ven aquí!"

José se sobresaltó al recordar por qué estaba ahí. El mercader lo arrastró hasta un mercado cercano. Ahí habló con un egipcio grande y gordo, pero José no entendió lo que dijeron. Entonces el egipcio puso a José sobre una pequeña plataforma en la calle, junto a otros esclavos. El egipcio gordo gritó e hizo toda clase de gestos para atraer la atención de las personas. José se imaginó que gritaba las mismas palabras que sus hermanos habían dicho en el pozo de Dotán, "¡Se vende esclavo!"

José fue vendido a un rico egipcio llamado Potifar. Era un hombre importante. Era el capitán de los guardaespaldas del Rey Faraón. Parecía duro y amable al mismo tiempo. Pronto José supo que Potifar quería usarlo como sirviente en su casa. ¡No tendría que arruinarse en las minas de cobre! José suspiró con alivio. "Gracias, Dios," murmuró. "¡Sé que me vas a cuidar!"

José trabajó fielmente para Potifar. Hasta trabajó más duro que lo que se le pedía. Un día Potifar le dijo, "¡José! Estoy muy contento con tu trabajo. Eres un joven hábil y honesto. Parece que tienes el favor de nuestros dioses."

"El Dios de Abraham, Isaac y Jacob está conmigo," respondió José.

"En fin," siguió Potifar, "creo que te voy a poner a cargo de toda mi casa. A partir de hoy serás conocido como mi mayordomo."

Ahora José era libre de andar por toda la propiedad de Potifar. Recibió un hermoso manto nuevo. Se aseguraba de que las comidas de su amo se sirvieran a tiempo. Ordenaba los alimentos y se aseguraba de que la casa estuviera limpia y en orden. José se enorgullecía de ser el encargado de la casa de Potifar. Y al hacer esto, se estaba quedando con el crédito por su buena suerte en lugar de verla como una bendición de Dios.

Un día, cuando José pasaba por el dormitorio de la esposa de Potifar, ella le llamó. "José, ¿por qué no vienes y duermes conmigo esta noche? Mi esposo está fuera de la ciudad."

José sabía que eso estaba mal. ¿Cómo podría hacer semejante cosa cuando su amo confiaba en él? José echó a correr por el pasillo antes de que la esposa de Potifar pudiera tocarlo. Pero la mujer corrió tras él y logró jalar su manto.

Ahora quería hacerle daño a José por no haber hecho lo que ella quería. Así que cuando Potifar estuvo de vuelta en casa, ella mintió. "Querido esposo, algo terrible pasó mientras estabas lejos. José, tu esclavo hebreo, trató de obligarme a dormir con él. Mira, aquí está el manto que dejó en mi dormitorio."

Potifar creyó sus mentiras.

"¡Lleva al malvado José a la cárcel!" le dijo a uno de sus soldados. "¡Por haber hecho esto, pasará el resto de su vida tras las rajas!"

Cuando la pesada puerta de hierro se cerró detrás de él y la llave giró en la cerradura, José se sentó sobre el sucio y húmedo suelo y lloró. Ahora estaba otra vez donde había empezado, y no había forma de salir.

"Dios," sollozó, "¿por qué tengo tan mala suerte? He perdido mi familia, mi país, y ahora también mi trabajo en la casa de Potifar. ¿Todavía estás conmigo? Confío en Ti, Señor. Confío en que de alguna manera encontrarás una forma de sacarme."

En la oscura prisión José no tuvo ningún sueño. Entendió que había puesto su confianza en sí mismo y no en la fidelidad de Dios. "Dios, lo siento," oró. "Ayúdame a olvidarme de mí y de mis grandes ambiciones. Ayúdame a servirte... aún en este horrible lugar."

Entonces José empezó a servir a los prisioneros que estaban con él. Muchos estaban enfermos. Les llevó agua y les ayudó a limpiar sus celdas. Trató de consolarlos con una sonrisa y algunas palabras de aliento. A todos en la prisión les agradaba, y pronto el guardián le empezó a dar pequeñas tareas. "José," dijo, "veo que te preocupas por otras personas. Eso me gusta. Además, creo que puedo confiar en ti. Tu Dios debe

estar contigo en una forma muy especial. Desde ahora vas a ser el capataz de los prisioneros."

Entre los otros prisioneros había dos que eran muy importantes. Uno era el antiguo panadero del Rey Faraón. El otro había sido el encargado de llenar la copa de vino del Faraón. El Faraón los había enviado a prisión porque ya no confiaba en ellos. Una mañana, cuando José visitó su celda, ambos se veían muy tristes.

"¿Qué pasa con ustedes dos?" preguntó José alegremente, "¿tuvieron pesadillas?"

"En realidad," respondieron, "anoche los dos tuvimos sueños extraños, y no tenemos idea de qué puedan significar."

"Oh," respondió José. Entonces pensó un momento antes de decir, "¿Por qué no dejan que el propio Dios interprete sus sueños?"

"¿Dios?" preguntó dudoso el que se había encargado de la copa.

"¿Cómo puede Dios hacer eso?"

"Bueno," dijo José. "Díganme

qué soñaron. Tal vez Dios les dirá a través de mí."

"Soñé," dijo el encargado de la copa, que veía una vid frente a mí. La vid tenía tres ramas. Empezaron a salir brotes que florecieron de inmediato. Entonces, en las ramas nacieron racimos y las uvas maduraron. Lo siguiente que noté fue que tenía la copa del Faraón en mi mano. Tomé las uvas, las exprimí en la copa y puse esta en la mano del rey."

"Bien," dijo José, "esto es lo que significa tu sueño. Las tres ramas representan tres días. Dentro de tres días el Rey Faraón te soltará de la prisión y te hará nuevamente el encargado de su copa. ¿Tienes ahora alguna razón para estar tan triste?"

"¡Maravilloso!" gritó el hombre. "¡José, me gusta la forma en que explicaste mi sueño! Sólo quisiera saber si hay algo que yo pueda hacer por ti."

José se veía serio. "Sí puedes," dijo. "Puedes hablarle de mí al Faraón. No he hecho nada malo. Y aún así se está desperdiciando mi vida en esta cárcel. Tal vez el Faraón me dejará libre."

"¡Lo prometo!" respondió el hombre de la copa.

Ahora era el turno del panadero para contarle su sueño a José. "Soñé," dijo, "que había tres cestas apiladas sobre mi cabeza. En la cesta superior había toda clase de pasteles y pan que yo había preparado para el Faraón. De pronto bajaron los pájaros y se comieron los pasteles y el pan."

José sintió lástima por el panadero cuando le explico su sueño. "Esto es lo que significa tu sueño," le dijo. "Las tres cestas representan tres días. Dentro de tres días el Faraón te hará colgar del cuello, y las aves vendrán y se comerán tu carne."

Tres días después sucedió todo exactamente como José había dicho que sería. El hombre de la copa estaba de vuelta en su antiguo empleo. El panadero fue matado.

Pero pasaron dos años y José todavía no salía de la prisión. El encargado de la copa había olvidado su promesa.

Una mañana, mientras llenaba de vino la copa del Faraón, notó que el rey no lucía bien. "¿Está todo bien, su Majestad?" preguntó.

El Faraón suspiró. "Anoche tuve dos sueños muy extraños," respondió. "Voy a llamar a todos los sabios de Egipto, les contaré mis sueños, y veré si ellos pueden ello explicármelos."

Pero los sabios no pudieron darle al Faraón ninguna respuesta. Sólo se quedaron ahí de pie, los sacerdotes, los adivinos, los intérpretes de sueños y los magos. Parecían tan importantes en sus hermosas túnicas, pero lo único que pudieron decir fue,

"¡Extraño!"

"¡Peculiar!"

"¡Interesante!"

Entonces el encargado de la copa se acordó de José. "Su Majestad," interrumpió, "en la prisión hay un esclavo hebreo que un día me explicó el significado de un sueño que tuve. Tal vez él puede explicar sus sueños."

Así fue que José fue mandado llamar ante el Faraón.

"He oído de ti," dijo el Faraón. Dicen que eres bueno para interpretar los sueños. Ahora dime qué significan los míos."

"Su Majestad," respondió José, "yo no puedo interpretar los sueños. Pero Dios sí puede."

"Como sea," siguió el Faraón, "esto es lo que soñé. Estaba de pie a las orillas del río Nilo. Siete vacas gordas salieron del río. Empezaron a pastar en ese lugar. Después salieron siete vacas flacas y se comieron a las siete vacas gordas. Después tuve otro sueño. Vi un tallo de grano con siete saludables espigas en él. Después, otras siete espigas brotaron en él. Pero estaban delgadas y habían sido arrasadas por el viento del este. Finalmente las espigas delgadas se tragaron a las siete espigas buenas. ¡Ahora dime qué significan estas cosas!"

José miró al Faraón. Respiró profundamente. El Faraón tenía un aspecto atemorizante sentado en su trono, esperando impacientemente la respuesta de José. ¿Qué significaban los sueños? ¿Se lo diría Dios a José?

José aclaró su garganta y empezó a decir "Los dos sueños del Faraón... significan...

lo mismo. Dios quiere decirte lo que va a pasar en poco tiempo. Las siete vacas gordas y las siete espigas saludables representan siete años. Las siete vacas flacas y las siete espigas delgadas representan otros siete años. Dios te está advirtiendo que después de siete años buenos con abundantes cosechas y mucho qué comer, vendrán siete años malos con cosechas escasas y una grave hambruna para Egipto.

“El Faraón debe hallar un hombre sabio y digno de confianza para ponerlo a cargo de los depósitos reales.” Este hombre debe asegurarse de guardar suficiente comida durante los siete años buenos para que el pueblo de Egipto tenga lo necesario para sobrevivir a los siete años malos.

"¡Excelente idea!" exclamó el Faraón. "¿Dime, joven, cómo te llamas?"

"José, su Majestad."

"José," siguió el Faraón, "te designaré como el nuevo administrador de mis depósitos porque fuiste tú quien me dijo el significado de mis sueños. ¡Tu Dios debe estar contigo en una forma muy especial!"

Cuando José se alejó, todavía no podía creer las palabras del Faraón. ¿Cómo podían las cosas pasar tan rápido? Después de todos esos años en la cárcel, de pronto se había convertido en el segundo hombre más importante en Egipto, ¡sólo después del mismo Faraón!

Pero José no entendió por completo que cuando Dios eleva a un hombre a una posición de honor y responsabilidad, no lo hace de la noche a la mañana. Toma tiempo. Para José, fueron muchos años. José fue un buen hombre que había aprendido a honrar a Dios por Sus bendiciones.

Habían pasado más de trece años desde el día en que fue arrojado al pozo por sus hermanos. En ese tiempo se había convertido en el gobernador de Egipto, un rango sólo inferior al del Faraón mismo. Llevaba puesto el anillo con el sello real, y cuando pasaba por las calles en su carruaje real, la gente le hacía reverencias y le llamaba "Mi señor."

Y sucedió exactamente como José lo había predicho. Primero vinieron los siete años buenos con mucha comida. José almacenó millones de toneladas de granos en los depósitos reales para los años malos que estaban por venir. Entonces, a pesar de los años de escasez, hubo suficiente comida para la gente en Egipto. Pero los países vecinos sufrieron mucho.

En la tierra de Canaán, Jacob y sus hijos apenas tenían qué comer. La hierba se había acabado. Los pozos se secaron. Los verdes campos de Jacob se habían vuelto desierto.

Cada día sus hijos regresaban a casa con noticias peores que las del día anterior. "¡Otras cuarenta ovejas murieron hoy!" dijo Rubén un día. "Lo siento, Padre, pero esto no puede seguir así."

"¡Bueno, no se queden ahí parados!" gritó Jacob, "¡Hagan algo! ¿Por qué no van a Egipto? Les he dicho que allá hay comida. Lo oí de una caravana que pasó el mes pasado. Vayan y compren granos antes de que muramos como las ovejas en el campo. ¡De prisa! Pero, en caso de que algo les pase, no quiero que Benjamín salga herido. ¡Benjamín se queda en casa conmigo!"

Cuando los diez hermanos llegaron a los depósitos de Egipto, fueron llevados ante el gobernador, que era José. Claro que no reconocieron a su pequeño hermano. Se había convertido en un hombre. Llevaba hermosas ropas. Parecía un príncipe. Hasta su nombre había sido cambiado de José a Zafnat Paneaj. Se inclinaron ante él y le hablaron de la escasez en la tierra de Canaán.

Pero José reconoció a sus hermanos. Mientras se inclinaban ante él, recordó los sueños que había tenido cuando era un niño. Pero decidió no revelar quién era realmente. Hasta fingió no entender el idioma de sus hermanos. Todo lo que dijeron tuvo que ser traducido al idioma egipcio.

"No les creo," respondió ásperamente cuando los hermanos terminaron de contar su historia. Quería probarlos. "Pienso que son espías de la tierra de Canaán. ¡Quieren traer un ejército contra Egipto, y por eso han venido disfrazados como granjeros!"

"Su Señoría," dijo Simeón, "¡eso no es verdad!" "Hemos venido a Egipto a comprar granos. Somos hermanos, no espías. Nuestro padre nos ha enviado."

"No," repitió José. "¡Son espías!"

"Señor," rogó Simeón, "¡le aseguro que decimos la verdad! Nuestro padre nos envió a comprar granos."

"¿Quién es su padre?"

"Nuestro padre es Jacob, también llamado Israel, de Hebrón en la tierra de Canaán. Tuvo doce hijos. Uno de ellos está muerto, el otro se quedó en casa con él. Nosotros somos los otros diez hijos."

"Hmm," dijo José, "ya veremos si están diciendo la verdad o no."

Entonces metió a los diez hermanos en la cárcel durante tres días. "Quiero que sepan cómo es una prisión egipcia," pensó.

Después de tres días dijo a los diez hermanos, “He tomado una decisión. Pueden comprar el grano y llevárselo a Canaán. Pero quiero ponerlos a prueba para ver si han dicho la verdad. Dejaré a uno de ustedes en prisión como rehén, mientras los otros nueve van a su casa y regresan a mí con su hermano menor.”

Con las palabras de José, Simeón se volteó hacia sus hermanos. “Oh, no,” dijo en su propio idioma, pensando que José no podría entenderlo. “Papá nunca lo per-

mitirá. Creo que estamos en problemas. Estamos recibiendo lo que nos merecemos. Dios nos está castigando por vender a José como esclavo. ¿Se acuerdan cómo lloró cuando lo vendimos por veinte piezas de plata? Pero no escuchamos. Estamos en este lío por nuestra culpa."

"Sí," dijo Rubén, el mayor de los hermanos. "¿No les dije que estaba mal? ¿Por qué no me escucharon?"

"Por favor, Rubén," interrumpió Simeón.

"Has dicho eso mil veces. Regresen tú y los otros con nuestro padre y pídanle que les deje volver acá con Benjamín. Yo me quedará como rehén del gobernador."

José escuchó mientras sus hermanos hablaban. Le costó mucho contener las lágrimas.

Sentía lástima y tristeza por sus hermanos. Por supuesto que había entendido cada palabra que dijeron. Salió de prisa y lloró en soledad. Ahora sabía que sus hermanos estaban arrepentidos por lo que habían hecho.

Pero aún así no les iba a decir quién era él. Antes quería ver a su pequeño hermano Benjamín.

Su padre Jacob se enojó mucho cuando escuchó el mensaje. "¿Por qué le dijeron al gobernador egipcio que tienen otro hermano en casa?" gritó a sus hijos. "¿Quieren volver a Egipto y llevar a Benjamín, el hijo de mi difunta Raquel, con ustedes? ¡Nunca lo permitiré!"

"Pero Padre," dijo Rubén, "¡debemos regresar! Simeón se ha quedado como rehén en Egipto. El gobernador no lo soltará a menos que llevemos a Benjamín. Te prometo que te lo traeremos de vuelta sano y salvo. ¡Puedes tomar a mis propios hijos si no es así!"

"¡Miren!" interrumpió Leví. Estaba descargando de los burros los sacos de grano que trajeron de Egipto, "¡Aquí está el saco de dinero que entregué por los granos, justo encima de todo!"

"¡Mi dinero también está aquí!" gritó su hermano Gad. Ahora los otros hermanos estaban desatando sus sacos. En la parte superior de cada saco de grano estaba el dinero con el que debían haber pagado.

"¡No entiendo esto!" dijo Rubén.

"Estoy seguro de que pagamos." Aunque los nueve hermanos querían regresar. "¿Qué pensará el gobernador de Egipto cuando se dé cuenta de que nos quedamos con el dinero? ¡Podría castigar a Simeón por ello! Padre, tenemos que volver a Egipto y llevar a Benjamín con ellos." Jacob fue firme, "¡No!" ordenó. Sabía que tal vez no volvería a ver a Simeón, pero no cambiaría por él a Benjamín.

Pasó un año. Finalmente Jacob se dio cuenta de que no tenía opción. Tendría que enviar nuevamente a sus hijos a Egipto a comprar más grano. Una mañana, cuando ya todo el grano se había acabado y llevaban días sin comer, Jacob dijo a sus hijos, "Regresen a Egipto y compren más grano."

"Está bien, Padre," respondió Judá, "pero sabes que tendremos que llevar a Benjamín con nosotros. El gobernador podría matarnos a todos si nos presentamos sin él."

"Les daré suficiente dinero para que paguen el grano," replicó Jacob. "De todos modos debemos llevar a Benjamín con nosotros," repitió Judá.

"Muy bien," suspiró Jacob. "¡Pero no puede sufrir ningún daño! Lleven el doble de plata para pagar los granos nuevos y los que trajeron la última vez. También lleven estos regalos al gobernador, bálsamo, miel, mirra y especias... y pistaches y almendras."

Así que los hermanos viajaron penosamente de regreso a Egipto una vez más.

Y esta vez Benjamín fue con ellos. José, el gobernador, los saludó severamente.

"¿Por qué tardaron tanto? ¿Es este su hermano menor?"

José miró cuidadosamente al recién llegado. ¡Sabía que era Benjamín! ¡Oh, cómo había echado de menos a su pequeño hermano! Quería abrazarlo y decirle quién era. Quería besarlo y hablar con él como en los viejos tiempos. Pero no se atrevió, no aún.

En vez de eso, invitó a sus hermanos a comer con él en su propia casa, sin revelar todavía quién era.

"¿Cómo está su padre?" preguntó José a los hermanos en la mesa. "¿Aún vive?"

Entonces ellos le hablaron de su anciano padre y de los problemas que tenían por la escasez en Canaán. Mientras comían y charlaban, José ideó un plan.

A la siguiente mañana pidió a sus sirvientes cargar con comida los burros de los hermanos. "Ahora escuchen con cuidado," dijo a su criado. "Pon la plata de cada uno de ellos encima del grano igual que la última vez. Después toma mi preciosa copa de plata y déjala junto con el dinero en el saco del hermano menor."

"Pero...," dijo el criado.

"Sólo haz exactamente lo que he dicho," ordenó José.

En su camino de regreso a Canaán los hermanos iban felices y animados. Tanto Benjamín como Simeón iban con ellos. Iban cantando y bromeando mientras llevaban sus burros cargados al norte hacia Hebrón.

"Gran tipo, este gobernador, ¿no?" gritó Judá.

"Sí," respondió Rubén. "No es tan duro como pensé."

"¿Sabían que," dijo Leví, que era el más inteligente de todos ellos, "la mayoría de los egipcios ni siquiera soñarían en comer junto a un hebreo? Y aún así, ¡el gobernador nos invitó a comer en su propia mesa!"

"A mí hasta empezó a caerme bien," rio Rubén.

De pronto, cuando uno de los hermanos miró hacia atrás, vio una nube de polvo en el horizonte detrás de ellos. La nube creció lentamente. Se dieron cuenta de que eran perseguidos por soldados egipcios. Los soldados los alcanzaron, bajaron de sus caballos y ordenaron, "¡Alto en nombre del Faraón!"

"¿Qué pasa?" protestó Rubén. Dio un paso y se puso entre los soldados y los hermanos.

"La copa de plata del gobernador ha desaparecido," respondió el capitán al mando. "El gobernador nos ha enviado a ver si alguno de ustedes la robó."

"¿Robarla?" exclamó Rubén. "Les aseguro..."

"¡Abran sus bolsos!" interrumpió el capitán.

Formó a los hermanos en una fila, primero Rubén, Benjamín al final. Cuando llegó con Benjamín metió el brazo dentro del saco y triunfalmente levantó la resplandeciente copa sobre su cabeza.

"Oh, no," dijo Judá. "¡Benjamín robó la copa de plata del gobernador! ¡No lo puedo creer!"

"¡Benjamín!" dijo Rubén. "¿Qué has hecho?"

Pero Benjamín sólo miraba la copa de plata. No tenía idea cómo podía haber terminado en su saco.

"¡Estás bajo arresto!" dijo el capitán, asiendo a Benjamín de un hombro. Entonces se volteó a mirar a los otros hermanos. "Todos ustedes deben seguirme de regreso a la casa del gobernador," dijo.

Así que cargaron nuevamente los burros, dieron vuelta y regresaron lentamente a la ciudad.

José esperaba en su casa a que llegaran sus hermanos. Al poner la copa de oro en el saco de Benjamín, se había asegurado de tener una buena razón para arrestarlo. Pensaba dejar que los demás hermanos se fueran a su casa y quedarse solamente con Benjamín, su querido hermano menor.

"¿Qué me han hecho?" dijo severamente a los hermanos, que estaban de pie frente a él. "Tú...sí, tú...Benjamín, ¡tú robaste mi copa de plata!"

Benjamín tembló. Él no lo había hecho. Lo sabía. ¿Cómo podría haber llegado hasta su saco la copa de plata del gobernador? Benjamín se fijó en la forma en que el gobernador pronunciaba su nombre. Por una fracción de segundo le recordó a José, su hermano perdido, con quien había jugado en los campos de Hebrón cuando era un niño.

"¡Estoy poniendo a su hermano menor bajo arresto!" siguió el gobernador. "Será esclavo en Egipto el resto de su vida. Pero todos ustedes son libres de volver a su país."

"Su Señoría," lloró Judá, "déjeme decir una palabra. Si Benjamín no vuelve con nosotros, nuestro padre morirá de tristeza. No podrá soportar perder al más joven de sus hijos. Ya ha perdido a uno. Por favor déjeme tomar el lugar de Benjamín y ser su esclavo en lugar de él." José miró a sus hermanos. Todos lloraban. Las lágrimas brotaron de sus propios ojos. Mordió su labio tratando de controlar su expresión, pero no lo logró. "Sirvientes," ordenó, "¡déjenme solo con estos hebreos!"

Las lágrimas rodaron por sus mejillas cuando se acercó y se quitó el tocado egipcio de la cabeza.

"¡José!" jadeó Benjamín.

"¡Benjamín!" lloró José mientras abrazaba a su hermano menor. Después José fue de un hermano a otro y los llamó por su nombre hebreo mientras los besaba. Durante un largo rato nadie dijo nada, pero el llanto de los doce hermanos reunidos se escuchó en toda la casa del gobernador.

Finalmente José dijo, "Hermanos, no lamenten lo que me hicieron hace años cuando me vendieron como esclavo. Dios ha estado conmigo y convirtió mis problemas en bendiciones. Cómo he anhelado compartir mis bendiciones con ustedes. Ahora, vuelvan con nuestro padre y con sus familias y tráiganlos a Egipto. Sí, y traigan todas sus pertenencias y su ganado y sus ovejas. Yo prepararé un lugar para ustedes, con abundancia de granos y agua. Quiero que sean huéspedes del Faraón y de Egipto."

Los sueños de infancia de José se habían vuelto realidad. Se había convertido en el hombre más poderoso del mundo, junto al mismo Rey Faraón. Se había convertido en alguien tan poderoso que sus propios hermanos se inclinaron ante él.

Pero no sólo los sueños de José se volvieron realidad. El propósito que Dios tenía para él también se hizo realidad. Por la fidelidad de José en tiempos difíciles, y por su resistencia en la prisión, José aprendió a ver que sus bendiciones provenían de Dios. Así se volvió un hombre capaz de manejar sus sueños de grandeza. Se convirtió en un hombre compasivo y humilde, capaza de olvidarse de sí mismo y acercarse a los que le rodeaban.
Así, cuando el padre de José finalmente llegó a Egipto y se inclinó ante su hijo, José lo hizo levantarse y lo abrazó.

"¡Bienvenido, Padre!" susurró.

Podrás encontrar la historia de José en el Antiguo Testamento, en el libro del Génesis, capítulos 37-50.